W0218671

Kinder-
Gebetfibel

Umschlagbild:
FILIPPINO LIPPI, Vision des hl. Bernhard. *Ausschnitt. Florenz, Uffizien*
Legende zu den drei doppelseitigen Gemäldewiedergaben:
RAFFAEL, Engel der Sixtinischen Madonna, *Ausschnitt.*
Dresden, Gemäldegalerie
GENTILE DA FABRIANO, Flucht nach Ägypten. *Florenz, Akademie*
B. SUARDI (?), Der jugendliche Giangaleazzo Sforza beim Studium.
London, Wallace Collection

Die Deutsche Bibliothek –
CIP-Einheitsaufnahme
Kinder-Gebetfibel: kleine Gebete für kleine Leute.–
16. Aufl. – München: Bruckmann, 1995
ISBN 3-7654-2805-1

Herausgeber: Dr. Walter Amstutz und Walter Herdeg
16. Auflage 1995
© 1939 F. Bruckmann KG, München
Alle Rechte vorbehalten
Gesamtherstellung: Bruckmann, München
Druck: Gerber + Bruckmann, München
Printed in Germany
ISBN 3-7654-2805-1

KINDER-
GEBETFIBEL

KLEINE GEBETE FÜR KLEINE LEUTE

MIT 21 FARBIGEN GEMÄLDEWIEDERGABEN ALTER MEISTER

BRUCKMANN MÜNCHEN

„WIE DEN ZWEIG MAN BIEGT, SO WÄCHST DER BAUM“
das ist ein alter und ein weiser Spruch. Eine Mutter fragte einmal einen klugen und gelehrten Mann, in welchem Alter sie ihr Kind sollte beten lehren. Der fragte, wie alt das Kind sei. „Drei Jahre“, sagte die Mutter. „Dann“, so antwortete er, „sind Sie schon drei Jahre zu spät“.
Was versteht ein Kind von einem vorgesprochenen Gebet? In den meisten Fällen nimmt es alles wörtlich, bis sein eigener Geist zu arbeiten beginnt und Entdeckungen macht. „Es hat keinen Zweck zu beten um ein Schaukelpferd oder ein Schwesterchen – sie kommen doch nicht!“ Warum denn um sie beten und bitten? Und die Mutter steht vor einer schweren Aufgabe, vor einem Problem, das verschieden gelöst werden muß, je nach der Art des Kindes. Ein Kind beten lehren, gläubig beten für Dinge, die es nicht bekommt – welche Mutter hätte nicht die Schwierigkeiten erfahren, diesen Glauben am Leben zu erhalten im kindlichen Gemüt. Und dennoch, trotz allen Enttäuschungen: es ist möglich, das zerbrechliche Glaubensschifflein durch alle Klippen nicht erfüllter Hoffnungen zu steuern, ganz gleich welcher Glauben, welche Überzeugung, welches Dogma hinter den Worten der Mutter liegen.
Schon das Gebet als solches gibt Stärke! Niemand, der mit einem Minderwertigkeitskomplex behaftet ist, kann mit kühnem Glauben um etwas beten. Denn was ist „Beten“ anderes als „Bitten“? Es muß ja kein Bitten sein um materielle Dinge – aber ein bittendes Fordern ist es

dennoch, und damit ein Erstarken unserer Fähigkeiten. Es ist bemerkenswert, wie wenig Führung eigentlich nötig ist, sobald man dem Kinde den richtigen Weg erst einmal gezeigt hat. Das Bedürfnis ist vorhanden – ein Bedürfnis, das nur vom Gebet befriedigt werden kann. Das hungrige Kind verlangt nach Nahrung, das frierende will Wärme – und alles, was im Kinde unsterblich ist, wendet sich dem Ewigen zu. Es tut dies mit einer Sicherheit und einem blinden Instinkt, die geradezu wunderbar sind. Ein Kind muß gläubig verehren können – es will und wird seinen Gott selbst finden, mit derselben unfehlbaren Sicherheit, mit der die Sonnengläubigen die Sonne verehrten, und mit der jene, die sich Bilder machten in ihrer Glaubensnot, zu diesen Bildern ihre Arme im Gebet erhoben.

Ein Kind *muß* aufblicken und verehren. *Wie den Zweig man biegt, so wächst der Baum.*

Eveline Amstutz

Ich will ganz wahrhaftig sein.

Gott sieht mir ins Herz hinein,

Läßt sich nicht betrügen,

Will nicht, daß wir lügen.

6

ESTEBAN MURILLO, Heiliger Johannes.
Madrid, Prado

Wo ich gehe, wo ich stehe,

Ist der liebe Gott bei mir;

Wenn ich ihn auch niemals sehe,

Weiß ich sicher: Gott ist hier.

8

ROGIER VAN DER WEYDEN, Verkündigung.
München, Alte Pinakothek

Aus dem Himmel ferne,
Wo die Englein sind.
Schaut doch Gott so gerne
Her auf jedes Kind,

Höret seine Bitte
Treu bei Tag und Nacht,
Nimmt's bei jedem Schritte
Väterlich in acht.

10

ALBRECHT DÜRER, Christuskind mit der Weltkugel.
Wien, Albertina

Müde bin ich, geh' zur Ruh',

Schließe meine Äuglein zu.

Vater, laß die Augen dein

Über meinem Bette sein!

FILIPPINO LIPPI, Anbetender Engel.
London, National Gallery

Schutzengel mein,

Hüt' mich fein

Tag und Nacht,

Früh und spät,

Bis mein' Seel'

In Himmel fährt!

14

MELOZZO DA FORLI, Musizierender Engel.
Rom, Sacristia San Pietro

Alle Jahre wieder
Kommt das Christuskind
Auf die Erde nieder,
Wo wir Menschen sind,

Kehrt mit seinem Segen
Ein in jedes Haus,
Geht auf allen Wegen
Mit uns ein und aus,

Ist auch mir zur Seite,
Still und unerkannt,
Daß es treu mich leite
An der lieben Hand.

16

MARTIN SCHONGAUER, Die Geburt Christi
Darmstadt, Hessisches Landesmuseum

Gott, der Du heute mich bewacht,

Beschütze mich auch diese Nacht;

Du sorgst für alle, groß und klein,

Drum schlaf' ich ohne Sorge ein.

18

LEONARDO DA VINCI, Christuskopf.
Mailand, Galleria Brera

Schon glänzt der goldne Abendstern.
Gut Nacht, ihr Lieben nah und fern,
Schlaft ein in Gottes Frieden!
Die Blume schließt die Äuglein zu,
Der kleine Vogel geht zur Ruh,
Bald schlummern alle Müden.
Du aber schläfst und schlummerst nicht,
Du treuer Gott im Sternenlicht,
Dir will ich mich vertrauen.
O hab auf mich, dein Kindlein, acht!
Laß mich nach einer guten Nacht
Die Sonne fröhlich schauen!

CONRAD VON SOEST, Anbetung der Könige.
Dortmund, Marienkirche

Wer hat die Sonne denn gemacht,
Den Mond und all die Sterne?
Wer hat den Baum hervorgebracht,
Die Blumen nah und ferne?
Wer schuf die Tiere groß und klein?
Wer gab auch mir das Leben?
Das tat der liebe Gott allein.
Drum will ich Dank ihm geben.

MEISTER BERTRAM, Erschaffung der Tiere.
Hamburg, Kunsthalle

Ich bin klein,

Mein Herz ist rein,

Daß niemand drin wohne

Als Jesus allein.

26

FRANCISCO ZURBARAN, Die Kindheit der Madonna.
Leningrad, Eremitage

Abends, wenn ich schlafen geh',
Vierzehn Engel mit mir geh'n,
Zwei zu meiner Rechten,
Zwei zu meiner Linken,
Zwei zu meinen Häupten,
Zwei zu meinen Füßen,
Zwei, die mich decken,
Zwei, die mich wecken,
Zwei, die mich weisen
In das himmlische Paradeise.

GIOVANNI BELLINI, Engel.
Venedig, Chiesa dei Frari

Sternlein, Sternlein in der Nacht,

Halt über unserm Hause Wacht,

Behüte Vater und Mutter mein,

Brüderlein und Schwesterlein.

30

STEPHAN LOCHNER, Madonna in der Rosenlaube.
Köln, Wallraf-Richartz-Museum

Ach, mein herzliebes Jesulein,

Mach' Dir ein rein sanft Bettelein,

Zu ruh'n in meines Herzens Schrein,

Daß ich nimmer vergesse Dein.

32

MEISTER DER PERLE VON BRABANT, Christophorus.
München, Alte Pinakothek

Das kleine Vöglein steigt empor,
Hoch in die Luft hinein,
Und singt so hell sein Morgenlied.
Wie fröhlich darf es sein!
Grüß mir den lieben guten Gott,
Du Vöglein zart und klein,
Und sag ihm, daß ich heute möcht
Sein frommes Kindlein sein!

VERROCCHIO, Tobias mit dem Engel.
Florenz, Accademia

Komm, Herr Jesus,

sei unser Gast

Und segne, was Du

uns bescheret hast.

38

LEONARDO DA VINCI UND VERROCCHIO.
Die Taufe Christi im Jordan.
Florenz, Accademia

Wenn die Kinder schlafen ein,

Wachen auf die Sterne,

Und es steigen Engelein

Nieder aus der Ferne,

Halten wohl die ganze Nacht

Bei den frommen Kindern Wacht.

VITTORE CARPACCIO, Musizierender Putto.
Venedig, Galleria dell'Accademia

VICTOR CARPATHIVS
M·D·X·

Die Schnecke hat ihr Haus,
Ihr Fellchen hat die Maus;
Der Sperling hat die Federn sein,
Der Falter bunte Flügelein.
Nun sage mir, was hast denn du?
Ich habe Kleider und auch Schuh
Und Vater und Mutter und Lust und Leben.
Das hat mir der liebe Gott gegeben.

MATTHIAS GRÜNEWALD, Maria mit dem Kinde.
(Ausschnitt aus dem Isenheimer Altar) Kolmar, Museum

Zur Ruh' will ich mich legen.

Mit Liebe und mit Segen,

Mein Jesus, schließ mich ein!

So schlaf' ich ohne Sorgen

Vom Abend bis zum Morgen.

Als wie im Nest ein Vögelein.

STEPHAN LOCHNER, Engel mit Laute.
Köln, Wallraf-Richartz-Museum

Lieber Gott, mach mich fromm,

Daß ich in den Himmel komm!

AMEN!